Inhalt

Unified Messaging

Kernthesen

Beitrag

Fallbeispiele

Weiterführende Literatur

Impressum

Unified Messaging

M. Westphal

Kernthesen

- Unified Messaging kann in heutigen Zeiten knapper IT-Budgets eine Möglichkeit darstellen, auch mit moderaten IT-Investments Effizienzsteigerungen zu realisieren.
- Unified Messaging verspricht umfassende Kommunikation via Fax, Mail, SMS und Sprache.
- Es gibt eine Vielzahl von Faktoren, die berücksichtigt werden müssen, um die für ein Unternehmen optimale Unified-Messaging-Lösung zu finden.
- Die Kosten für die Implementierung einer Unified-Messaging-Lösung sind deutlich geringer, als gemeinhin angenommen.

Beitrag

Knappe IT-Budgets? Unified Messaging könnte die Lösung sein

In den letzten Jahren sind viele IT-Lösungen wegen ihrer Komplexität und insbesondere aufgrund der damit für die Unternehmen verbundenen hohen Kosten nicht über das Planungsstadium hinaus gekommen. Die IT-Budgets werden sich voraussichtlich mittelfristig nicht wesentlich erhöhen, daher gibt es wenig Spielraum für die Einführung größerer Projekte, mit dem Ziel die Effizienz im Unternehmen zu steigern.

Eine Möglichkeit allerdings, bereits mit einem überschaubaren Investitionsvolumen die Effizienz im Unternehmen nachhaltig zu steigern, kann sich durch eine gut konzipierte Einführung von Unified-Messaging-Lösungen, also der Bündelung aller Kommunikationskanäle im Mail-Client der Mitarbeiter, ergeben.

Unified Messaging als gebündelte

Kommunikationsplattform verspricht viele Vorteile

Die Einführung von Unified Mesaging in Unternehmen verfolgt das Ziel, die Kosten zu senken und die Effizienz der Mitarbeiter zu steigern. Erreicht wird dieses durch die Möglichkeit, mithilfe von Unified Messaging alle elektronischen Kommunikationsmittel im Unternehmen zusammenzuführen. Die Mitarbeiter können über ihren Mail-Client gleichzeitig und gemeinsam Zugriff auf sämtliche an sie gerichtete Nachrichten, seien es Faxe, E-Mails, oder Sprachnachrichten, erlangen. Ebenso kann das Versenden der Nachrichten über alle Kommunikationskanäle alleine aus der Mail-Client-Oberfläche erfolgen.

Der wesentliche Vorzug einer Unified-Messaging-Infrastruktur liegt in einer erheblichen Zeitersparnis für die Arbeitsprozesse der Mitarbeiter.

Faxe, die trotz voraussichtlich weiter wachsendem E-Mail-Aufkommens in den kommenden Jahren aufgrund ihrer höheren Authentizität weiterhin ihre Bedeutung behalten werden, können in personalisierter Form mit Deckblatt und Firmenlogo genauso einfach erstellt werden, wie elektronische Nachrichten im Mail-Client. Wird aus der

Adressdatenbank eine Faxnummer als Versandadresse gewählt, wird das im Mail-Programm erstellte Schreiben automatisch als Fax erkannt und mit dem hinterlegten elektronischen Briefpapier verknüpft und versandt. Es wird weniger Papier und Toner benötigt, zugleich nimmt die Wartung der einzelnen Geräte ab, wodurch ein enormes Kostensenkungspotenzial aktiviert wird.

Viele der auf dem Markt angebotenen Unified-Messaging-Lösungen beinhalten auch Voice-Module, die den Arbeitsplatzrechner um eine komfortable Telefon-Mailbox erweitern. Dieses Voice-Modul ermöglicht zum einen ein direktes Abhören der Sprachmitteilung, eine Weiterleitung auch an externe Telefone, sowie in einigen Fällen sogar eine komplette komplexe Interactive-Voice-Response-Anwendung (IVR). Mithilfe dieser IVR-Funktionalitäten lassen sich u. a. Auskunftssysteme realisieren, bei denen der Anrufer mit Hilfe von Eingaben auf der Telefontastatur durch umfangreiche Informationsangebote navigiert oder aber auch mit einem Operator verbunden wird. (1)

Weiteres Leistungsmerkmal vieler Unified-Messaging-Lösungen ist eine Integration des Kommunikationsmediums SMS. Selbstverständlich können SMS-Meldungen über installierte SMS-Funkmodems empfangen und gesendet werden. Zu beachten ist allerdings, dass bei größeren Übertragungsvolumina, z. B., weil der gesamte Außendienst kontinuierlich per Massen-Mailings informiert werden soll, ein Großkundenzugang bei einem Mobilfunkbetreiber die deutlich günstigere Alternative sein kann. (1)

Was muss bei der Auswahl eines geeigneten Systems beachtet werden?

Bei der Auswahl der für das Unternehmen geeignetsten Unified-Messaging-Lösung sind mehrere Dimensionen zu berücksichtigen:

- Serverbasierte Produkte
- ASP- oder internetgestützter Dienst

Eine sinnvolle Realisation der technisch recht komplexen Installationen, die auch die Anbindung des Telefons am Arbeitsplatz umfasst, kann nur mit einer serverbasierten Lösung erzielt werden. Darüber hinaus sind die Sicherheitsbedürfnisse der Unternehmen in Bezug auf ihre Kommunikation und Daten deutlich gestiegen, sodass ein Outsourcen sensibler Unternehmensdaten von den meisten

Unternehmen gescheut wird. (1)

- Spezielle Client-Software
- Integrierte Lösungen, die auf "Outlook" oder "Lotus Notes" aufsetzen

Es ist von Fall zu Fall abzuwägen, welche Lösung die für das Unternehmen geeignetere ist. Speziell entwickelte Client-Software mit einer eigenen Oberfläche ermöglicht eine komfortablere Steuerung aller Leistungsmerkmale über dieses User Interface. Werden hingegen Standard-Oberflächen genutzt, werden die Lösungen von den Nutzern i. d. R. schneller akzeptiert und Schulungsaufwand entfällt, oder kann zumindest deutlich begrenzt werden. Bei der Auswahl von neuer Unified Messaging Software ist auch auf ihre Modularität zu achten (Fax, SMS, Voice), um für das Unternehmen eine maßgeschneiderte Lösung zu finden. Modulare Lösungen bieten darüber hinaus die Möglichkeit, je nach wachsendem oder verändertem Bedarf und Budget das System zu späteren Zeitpunkten um weitere Module auszubauen. (1)

Ein weiteres Auswahlkriterium ist die Möglichkeit der **Anbindung an weitere Software**, wie z. B. das Vorhandensein von Konnektoren zu SAP, die dem Systemadministrator eine problemlose Installation und so auch den Faxversand direkt aus diesen

Anwendungen heraus ermöglichen. (1)

Kosten

Bei der Investitionsrechnung für die Installation eines Unified-Messaging-Systems sind neben den reinen Softwarekosten auch Hardware- und andere Kosten-Komponenten zu berücksichtigen:

- Faxkarten (je nach Anzahl der benötigten externen Leitungen)
- GSM-Funkmodems
- Server (Werden eigene, neue Unified-Messaging-Server benötigt, oder kann hier auf bereits vorhandene Domino- oder Exchange-Server aufgesetzt werden, die schon im Unternehmen genutzt werden)
- Zusätzlicher Support (trotz der hohen Stabilität der im Markt befindlichen Unified-Messaging-Systeme sollten gewisse IT-Support-Kapazitäten eingeplant werden.)
- Schulungsaufwand für die Mitarbeiter (abhängig von der Wahl des Clients: Proprietärer Unified-Messaging-Client, der erwartungsgemäß mehr Schulungsaufwand erfordert, vs. bereits genutzte Mail Clients wie Outlook oder Lotus Notes) (1)

Fallbeispiele

Ferrari electronic AG hat eine auf Zahlen von Hewlett-Packard basierende Modellrechnung veröffentlicht, die die Einsparmöglichkeiten durch den Einsatz von Unified Messaging aufzeigt. Alleine durch die Möglichkeit des Fax-Direktversandes vom Arbeitsplatz aus, kann eine Einsparung von Personalkosten in Höhe von etwa 0,35 EUR je gefaxte Seite erzielt werden (ein fünfseitiges Dokument z. B. benötigt durchschnittlich 210 Sekunden für den Fax-Versand, hinzu kommen Wege zum/vom Drucker und/oder Fax). Wird das Fax direkt aus dem Mail-Client des Computers versandt, entfallen die Wegezeiten wie auch die Wartezeiten, bis das Fax vollständig durchgelaufen ist. (1)

Die amerikanische Radicati Group hat errechnet, dass sich in einem mittelständischen Unternehmen die Implementierung einer Unified-Messaging-Lösung alleine durch eingesparte Support- und Wartungskosten für die Geräte in weniger als zwei Jahren amortisieren kann. Laut Radicati spart darüber hinaus jeder Mitarbeiter durch eine

effizientere Nutzung seiner Kommunikationskanäle täglich etwa 30 Minuten Arbeitszeit.
Im Jahre 2000 hat das amerikanische Beratungsunternehmen Comgroup ein Studie veröffentlicht, wonach sich der Einsatz einer Unified-Messaging-Lösung, der für ein Unternehmen mit 200 Mitarbeitern etwa ein Investitionsvolumen von 45 000 US-Dollar ausmachen kann, bereits nach 70 Tagen lohnen kann. (1)

Das innovative Bürokonzept "Office 21" der Fraunhofer-Gesellschaft wird vom IT-Dienstleister dvg bereits in die Praxis umgesetzt.
Dieses anspruchsvolle Modell, in dem kein Mitarbeiter "seinen" Schreibtisch hat, hat einige Grundvoraussetzungen, um zu funktionieren. So darf aufgrund der notwendigen Mobilität der Mitarbeiter kein Papier anfallen, welches in Ordnern gelagert werden muss.
Dieses Büro von morgen wird durch eine moderne Infrastruktur unterstützt. Alle Mitarbeiter können über eine Unified-Messaging-Lösung sämtliche Medien (Fax, E-Mail, Telefon) für den Datenaustausch nutzen. Eingehende Geschäftspost wird zentral in der Poststelle gescannt und an die Mitarbeiter in Form einer Datei geschickt. Somit arbeiten die Mitarbeiter nahezu nur mit Dateien und wickeln auch ihre Korrespondenz fast ausschließlich papierlos ab. So können die hohen Ansprüche

gewährleistet sein, dass jeder Anwender seine "persönliche" Umgebung wiederfindet. Alle Mitarbeiter sind mit ihren Arbeitsplätzen sehr mobil, da maximal 2 Meter DIN-A 4-Ordnerbreite zur Ablage in den persönlichen Rollcontainern der Mitarbeiter zugelassen sind. Zentrale Arbeitsoberfläche des Unified-Messaging-Systems bei dvg ist Lotus Notes unter Windows NT, in welches diverse Funktionen integriert sind.
Sofern bei dvg dann doch einmal Papier anfällt, nutzen die Mitarbeiter einen der knapp 50 HP-Digital-Sender, die eine Mischung aus Scanner und Fax darstellen. Papierdokumente können digitalisiert werden und als Fax oder E-Mail verschickt werden, ohne mühselige Nummerneingabe, da das Gerät auf die zentrale Unified-Messaging-Adressdatenbank zugreift.

Eine neue webbasierte Unified-Messaging-Lösung der Firma Servonic verknüpft die Kommunikationskanäle Telefon, Fax, Mobilfunk und SMS. Diese Lösung beinhaltet den sogenannten Mobile Notifier, der Teilnehmer per SMS, Fax oder Anruf über neu eingegangene E-Mails, Faxe, Anrufe oder Kurznachrichten im Posteingang informiert. Ebenso kann diese Software von unterwegs SMS im Festnetz zustellen, wobei die Nachrichten direkt in den elektronischen Posteingang des Empfängers gesandt werden. Dieser kann automatisch antworten, beim ursprünglichen Sender erscheint die Nachricht dann wiederum als SMS.

Tenovis hat eine Applikation entwickelt, die eine höhere Integration bei Einsatz eines Unified-Messaging-Systems ermöglicht. Der Bluetooth-Standard, der verschiedene Geräte kabellos miteinander kommunizieren lässt, ermöglicht die Verständigung zwischen einem speziellen Tenovis-Festnetztelefon, welches mit einem Bluetooth-Link ausgestattet ist und einem PDA. Dieses ermöglicht die direkte Wahl mit dem Festnetztelefon aus den Kontaktdaten des Handhelds heraus. Ebenso werden bei eingehenden Anrufen die Kontaktdaten, soweit gespeichert, im PDA angezeigt. (2)

Weiterführende Literatur

(1) Populäre TK-Anwendungen/Unified Messaging
Mehr Effizienz im Büro schaffen
aus Computerwoche, 08.11.2002, Nr. 45, S. 44

(2) Mobilfunk-Festnetz-Integration senkt Kosten, VPN und Wireless-LAN knüpfen Firmennetze, Industrieanzeiger, Heft 41/2002, S.22
aus Computerwoche, 08.11.2002, Nr. 45, S. 44

(3) BUSINESS SCOUT KONVERGENTE NETZE Nicht nur für Enthusiasten

aus IT Business, Heft 36/2002, S. 26

Impressum

Unified Messaging

Bibliografische Information der deutschen Nationalbibliothek

Die Deutsche Nationalbibliothek verzeichnet diese Publikation in der deutschen Nationalbibliografie; detaillierte bibliografische Daten sind im Internet über http://dnb.d-nb.de abrufbar.

ISBN: 978-3-7379-0415-5

© 2015 GBI-Genios Deutsche Wirtschaftsdatenbank GmbH, Freischützstraße 96, 81927 München, www.genios.de

Alle Rechte vorbehalten. Dieses Werk ist einschließlich aller seiner Teile – z.B. Texte, Tabellen und Grafiken - urheberrechtlich geschützt. Jede Verwertung außerhalb der Grenzen des Urheberrechtsgesetzes bedarf der vorherigen Zustimmung des Verlags. Dies gilt insbesondere auch für auszugsweise Nachdrucke, fotomechanische Vervielfältigungen (Fotokopie/Mikroskopie), Übersetzungen, Auswertungen durch Datenbanken oder ähnliche Einrichtungen und die Einspeicherung und Verarbeitung in elektronischen Systemen.